INDOCHINE

JUSTICE

PARQUET DU PROCUREUR GÉNÉRAL

RÉPUBLIQUE FRA[NÇAISE]

LIBERTÉ — ÉGALITÉ — FRATE[RNITÉ]

COMMENTAIRE DE LA LOI

du 1er Octobre 1917 sur la répression de l'ivresse publique et la police des débits de boissons.

(Paru dans les Lois nouvelles n° 17 du 1er Novembre 1917)

SAIGON
IMPRIMERIE J. VIET
1918

INDOCHINE

JUSTICE

PARQUET DE PROCUREUR GÉNÉRAL

RÉPUBLIQUE FRANÇAISE

LIBERTÉ — ÉGALITÉ — FRATERNITÉ

Commentaire de la loi du 1er Octobre 1917 sur la répression de l'ivresse publique et la police des débits de boissons.

(Paru dans les Lois nouvelles n° 17 du 1er Novembre 1917)

LOI

Boissons. — Ivresse publique. – Police des débits. —

Article premier. — Sera puni d'une amende d'un à cinq francs (1 à 5 fr.) inclusivement, quiconque sera trouvé en état d'ivresse manifeste dans les rues, chemins, places, cafés, cabarets ou autres lieux publics.

Il y a récidive lorsque, depuis moins de douze mois le contrevenant a subi une condamnation pour la même infraction.

En cas de première récidive, la peine d'emprisonnement pendant trois jours au plus sera prononcée.

Art. 2. — En cas de nouvelle récidive, dans les douze mois qui auront suivi la deuxième condamnaiton, l'inculpé sera traduit devant le tribunal de police correctionnelle et puni d'un emprisonnement de six jours à un mois et d'une amende de seize francs à trois cents francs (16 fr. à 300 fr.).

Quiconque ayant été condamné en police correctionnelle pour ivresse depuis moins d'un an, s'est de nouveau rendu coupable du même délit, sera condamné au maximum des peines indiquées au paragraphe précédent, lesquelles pourront être élevées jusqu'au double.

Art. 3. — Toute personne qui aura été condamnée deux fois en police correctionnelle pour délit d'ivresse manifeste, conformément à l'article précédent, sera déclarée, par le second jugement, incapable d'exercer pendant deux ans, à partir du jour où la condamnaiton sera devenue irrévocable, les droits suivants : 1° de vote et d'élection ; 2° d'éligibilité ; 3° d'être appelée ou nommée aux fonctions de juré ou autres fonctions publiques ou aux emplois d'administration, ou d'exercer ces fonctions ou emplois ; 4° de port d'armes. Elle pourra, en outre, être déchue, à l'égard de ses enfants et descendants, de la puissance paternelle et des droits énumérés à l'article 1er de la loi du 24 juillet 1889.

Art. 4. — Seront punis d'une amende d'un à cinq francs (1 à 5 fr.) inclusivement, les cafetiers, cabaretiers et autres débitants qui auront donné à boire à des gens manifestement ivres ou qui les auront reçus dans leurs établissements ou auront servi des spiritueux et des liqueurs alcooliques à des mineurs âgés de moins de 18 ans accomplis.

Les malades hospitalisés dans un asile d'aliénés ou dans une colonie familiale sont, en ce qui concerne l'application de la présente loi, assimilés aux mineurs âgés de moins de 18 ans.

Toutefois, dans le cas où le débitant sera prévenu d'avoir servi des spiritueux ou des liqueurs alcooliques à un mineur de moins de 18 ans accomplis ou à un malade hospitalisé, il pourra prouver qu'il a été induit en erreur sur l'âge du mineur ou l'état du malade. S'il fait cette preuve, aucune peine ne lui sera applicable de ce chef.

Il y a récidive lorsque, depuis moins de douze mois, le contrevenant a subi une condamnation pour des faits réprimés par la présente loi.

En cas de première récidive, la peine d'emprisonnement pendant trois jours au plus sera prononcée.

Art. 5. — Seront punis d'un emprisonnement de six jours à un mois et d'une amende de seize à trois cents francs (16 fr. à 300 fr.) les cafetiers, cabaretiers et autres débitants qui, dans les douze mois qui auront suivi la deuxième condamnation prononcée en vertu de l'article précédent, auront commis une des infractions prévues audit article.

Quiconque ayant été condamné en police correctionnelle pour l'une ou l'autre des mêmes infractions, depuis moins d'un an, se rendra de nouveau coupable de l'une ou l'autre d'entre elles, sera condamné au maximum des peines indiquées au paragraphe précédent, lesquelles pourront être portées jusqu'au double.

Art. 6. — Toute personne qui aura subi deux condamnations en police correctionnelle, pour l'un ou l'autre des délits prévus en l'article précédent, sera déclarée, par le second jugement, incapable d'exercer les droits indiqués en l'article 3. Dans le même cas, le tribunal pourra ordonner, sous les peines d'une amende de vingt-cinq francs à cinq cents francs (25 fr. à 500 fr.) et d'un emprisonnement de six jours à six mois, la fermeture de l'établissement pour un temps qui ne saurait excéder un mois.

Art. 7. — Sera puni d'un emprisonnement de six jours à un mois et d'une amende de seize francs à trois cents francs (16 fr. à 300 fr.) quiconque aura frait boire jusqu'à l'ivresse un mineur âgé de moins de 18 ans accomplis.

Sera puni, des peines portées aux articles 5 et 6 tout cafetier, cabaretier et autre débitant de boissons qui, ayant subi une condamnation depuis moins d'un an en vertu du paragraphe précédent, se sera de nouveau rendu coupable soit du même fait, soit de l'un ou de l'autre des faits prévus à l'article 4.

Art. 8 — Il est interdit de vendre au détail à crédit, soit au verre, soit en bouteilles, des spiritueux et liqueurs alcooliques à consommer sur place ou à emporter.

L'action en payement de boissons vendues en infraction au paragraphe précédent ne sera pas recevable.

Il est également interdit, sous les peines prévues à l'article 4, de vendre, même au comptant et pour emporter, lesdites boissons à des mineurs âgés de moins de 18 ans.

Art. 9.—Il est interdit d'employer dans les débits de boissons à consommer sur place, des femmes de moins de 18 ans, à l'exception de celles appartenant à la famille du débitant.

Les articles 475 et 478 du Code pénal s'appliquent aux infractions prévues par le présent article.

Il y a récidive lorsques, depuis moins de douze mois, le contrevenant a subi une condamnation pour des faits réprimés par la présente loi.

Art. 10.—Tous cafetiers, cabaretiers, tenanciers de cafés-concerts et autres débitants de boisons à consommer sur place, qui en employant ou en recevant habituellement des femmes de débauche ou des individus de mœurs spéciales, pour se livrer à la prostitution dans leurs établissements ou dans les locaux y attenant, auront excité ou favorisé la débauche, seront condamnés à un emprisonnement de six jours à six mois et à une amende de cinquante francs à cinq cents francs (50 fr. à 500 fr.).

Les peines ci-dessus pourront être portées au double, si les femmes de débauche ou les individus de mœurs spéciales, visés au paragraphe précédent, appartiennent à la famille du délinquant.

Les coupables seront déchus pendant cinq ans de leurs droits politiques.

La fermeture définitive du débit sera ordonnée par le jugement.

Art. 11. — Toutes les condamnations à l'emprisonnement d'un mois au moins, pour une infraction quelconque aux dispositions de la présente loi, entraîneront de plein droit, pour ceux contre lesquels elles seront prononcées, l'interdiction d'exploiter un débit de boissons.

Cette incapacité cessera en cas de réhabilitation.

Elle cessera après cinq ans, à compter du jour où lesdites condamnations sont devenues définitives, si, pendant ces cinq ans, les condamnés n'ont encouru aucune peine correctionnelle d'emprisonnement.

Art. 12. — Le tribunal correctionnel, dans les cas prévus par la présente loi, pourra ordonner que son jugement soit affiché à tel nombre d'exemplaires et en tels lieux qu'il indiquera.

Art. 13. — L'article 463 du Code pénal sera applicable aux peines d'emprisonnement et d'amende prévues par la présente loi. L'article 59 du même code ne sera pas applicable aux délits prévus par les articles 2, 5 et 7 de la présente loi.

Art. 14. — Les procès-verbaux constatant les infractions prévues dans les articles précédents seront transmis au Procureur de la République dans les trois jours au plus tard, y compris celui où aura été reconnu le fait sur lequel ils sont dressés.

Art. 15. — Toute personne trouvée en état d'ivresse dans les rues, chemins, places, cafés, cabarets ou autres lieux publics devra être, par mesure de police, conduite à ses frais au poste le plus voisin ou dans une chambre de sûreté, pour y être retenue jusqu'à ce qu'elle ait recouvré sa raison.

Art. 16. — Le texte de la présente loi sera affiché à la porte de toutes les mairies et dans la salle principale de tous cabarets, cafés et autres débits de boissons ; un exemplaire en sera adressé à cet effet à tous les maires, cabaretiers, cafetiers et autres débitants de boissons. Toute personne qui aura détruit ou lacéré le texte affiché sera condamnée à une amende d'un à cinq francs (1 à 5 fr.) et aux frais du rétablissement de l'affiche. Sera puni de même tout cabaretier, cafetier ou débitant chez lequel ledit texte ne sera pas trouvé affiché.

Art. 17. — Les gardes champêtres, agents de la force publique et autres personnes désignées en l'article 9 du Code d'instruction criminelle sont chargés de rechercher et de constater, chacun sur le territoire sur lequel il est assermenté, les infractions à la présente loi. Ils dressent des procès-verbaux pour établir ces infractions.

Art. 18. — La présente loi est applicable à l'Algérie et aux colonies.

Art. 19. — La loi du 23 janvier 1873 sur l'ivresse publique est abrogée.

1.—**Travauxpréparatoires** — Ch. des dép.: projet du min. de l'int.: dépôt, 11 juil. 1914 (doc. parl., p. 2070) ; amendement de M. A. Jobert au projet (Ch. des dép., n° 490) ; rapport de M. Delaroue, 27 mai 1915 (doc. parl., p. 487 ; avis de de M. P. Meunier, 9 juil. (doc. parl., p. 742); discussion, 29 juil, et 16 sept. ; rapport suppl. de M. Delaroue, 10 fév. 1916 (doc. parl., p. 146) ; adoption, 6 juin.—Sénat : transmission 4 juil. (doc parl., p. 392) ; rapport de M. Chéron, 26 oct, (doc. parl., p. 522) ; adoption, 5 déc.—Ch. des dép. : transmission, 14 déc. ; rapport de M. Delaroue, 17 janv. 1917; rapport suppl. de M. Delaroue, 2 avr.; discussion, 20 sept.; adoption, 21, sept.

COMMENTAIRE DE LA LOI

But de la loi. — Après avoir interdit la fabrication, la vente et la circulation de l'absinthe, après avoir limité le nombre des débits de boissons, le Parlement, poursnivant sa lutte contre l'alcoolisme, a jugé uécessaire de compléter et de renforcer la loi du 23 janvier 1873 tendant à réprimer l'ivresse publique. Cette loi avait été la première à considérer l'ivresse comme constituant à elle seule une infraction, mais elle était peu appliquée et l'alcoolisme, dont elle devait réprimer les dangers, continuait impunément ses ravages.

Le premier projet de réforme n'était pas cependant aussi vaste : il comportait seulement une addition à l'article 4 de la loi de 1873 et tendait à interdire aux débitants de boissons de servir des liqueurs alcooliques à des malades hospitalisés dans nn asile d'aliénés ou dans une colonie familiale : ces malades étaient assimilés aux mineurs de seize ans (projet du 11 juillet 1914).

Puis la Chambre fut saisie d'un amendement de M. Aristide Jobert, qui tendait à transformer en une obligation la faculté que les tribunaux tiennent de l'article 6 de la loi de 1873 de fermer l'établissement du débitant condamné deux fois correctionnellement pour les délits prévus à l'article 5 de la loi. D'autres amendements visant la police des débits de boissons furent disjoints lors de discussion des projets relatifs à l'ouverture, à la limitation du nombre des débits de boissons.

La commission d'administration générale de la Chambre pensa alors qu'il valait mieux procéder à une revision d'ensemble de la loi de 1873 ; son texte, qui fit l'objet du rapport de M. Delaroue, fut discuté dans les séances des 29 juillet et 16 septembre 1915.

Principes généraux de la loi. —Les principes de la loi nouvelle sont ceux de la loi de 1873 ; l'ivresse constitue à elle seule une infraction, mais elle n'est punissable que si elle est à la fois publique, c'est-à-dire constatée dans des lieux publics, et manifeste, c'est-à-dire prouvée par des faits bien établis. L'ivresse est frappée de peines d'une sévérité croissante, selon qu'elle tend à devenir habituelle ; jusqu'à la troisième faute, elle reste une simple contravention ; mais à partir de la troisième faute, elle devient un délit, la quatrième faute entraîne des déchéances. Le législateur établit donc une distinction entre l'ivresse, état passager, que peuvent excuser des circonstances exceptionnelles et l'ivrognerie, vice manifesté par la persévérance dans la faute.

La loi de 1873 comportait deux groupes de mesures, les unes plus particulièrment répressives de l'ivresse, destinées à punir les personnes trouvées publiquement en état d'ivresse ; les autres, à caractère préventif, contre les débitants de boissons qui encouragent l'ivresse.

La loi nouvelle renforce ces mesures en aggravant les conditions de la récidive d'une part, et en accentuant la responsabilité des débitants d'autre part. En outre, elle complète le système de la loi de 1873 en édictant deux contraventions nouvelles et un délit nouveau et en renforçant la police des débits.

Mesures répressives (art. 1er, 2 et 3).

a) *La contravention d'ivresse.* — L'article 1er punit d'une amende de simple police (1 à 5 fr.) le fait d'être trouvé en état d'ivresse manifeste dans les rues et lieux publics.

Il faut que l'ivresse soit manifeste et publique. Ces deux conditions sont nécessaires : cf. Cass., 9 décembre 1887 (*Gaz. Pal.*, 88.1.19 ; *Bull. crim.*, n° 420) ; 17 mars 1893 (*Bull. crim.*, n° 82). La force majeure doit être établie : Cass., 8 décembre 1882 (*B. cr.*, n° 269).

Elle doit être manifeste : ceci suppose un fait matériel, qui n'a pas à être caractérisé dans le procès-verbal : Cass., 12 mars 1875 (*S.* 75. 1. 192). Il n'est pas nécessaire que ce fait ait donné lieu à scandale (V. Carpentier, v° *Ivresse*, n° 72).

L'énumération donnée des lieux publcis n'est pas limitative. On doit considérer ainsi tous édifices et endroits où le public est admis en commun : Trib. Saint-Ouen, 21 mai 1884 (*Gaz. Pal.* 84.2, sup. 74).

M. Paul Poncet, à la Chambre, avait demandé à ce qu'on ajoutât à la liste des lieux publics, les automobiles et les voitures ; le rapporteur fit observer qu' « une voiture est un lieu public quand on peut voir ce qui s'y passe et un lieu privé quand on ne le peut pas. Une voiture fermée n'est pas un lieu public ; la vie privée reste en dehors du domaine de la loi » (Chambre, séance du 20 septembre 1917, *J. off.*, débats, p. 2376).

De la récidive.—L'article 1er de la loi de 1873 se bornait à dire que les acticles 474 et 483 du Code pénal seront applicables à la contravention indiquée. Ces articles visent la récidive. L'article 474 prévoit la peine d'emprisonnement pendant trois jours en cas de récidive, et l'article 483 définit la récidive :

« Il y a récidive dans tous les cas prévus par le présent livre, lorsqu'il a été rendu contre le contrevenant, dans les douze mois précédents, un premier jugement pour contravention de police commise dans le ressort du même triuunal. »

Par conséquent, ce qui caractérise la récidive en matière de contravention, à la différence de ce qui existe en matière de délit, c'est la répétition d'une contravention de police, quelle qu'elle soit, dans le ressort du même tribunal.

La récidive, infraction commise par un individu qui a déjà subi une condamnation, est une cause d'aggravation de la peine, mais à certaines conditions, D'après l'article 483, il faut : 1· une première contravention remontant à moins de douze mois ; 2· que cette contravention ait été commise dans le ressort du même tribunal, c'est-à-dire du canton. Cette contravention peut être quelconque.

On ne tenait donc pas compte des contraventions commises hors du canton, et ceci s'expliquait : « En matière de contraventions, il n'y a pas de casier judiciaire, et le législateur a pensé que l'état de récidive ne pouvait dès lors être relevé, constaté, prouvé que par le seul juge qui a déjà frappé le contrevenant d'une peine. » (M. Maurice Sibille, Chambre, 29 juillet 1915, *J. off.* débats, p. 1181).

M. Sibille, critiquant le texte de la commission qui proposait de considérer comme récidive le fait nouveau commis hors du canton, demanda à sortir du canton, sans dépasser l'arrondissement. Il fit remarquer que, aux termes d'une circulaire du garde sceaux, du 13 février 1874, le greffier du tribunal de simple police est tenu, à la fin de chaque audience, d'envoyer au procureur de la République de l'arrondissement un bulletin individuel mentionnant chaque condamnation pour ivresse publique, de sorte qu'un juge, en s'adressant à ce procureur, saura toujours si depuis moins d'un an, l'individu qui comparait devant lui a déjà été condamné pour ivresse dans un des cantons de l'arrondissement (V. Chambre, *id.* et P. 1187). Ceci fit dire à M. Mavéras : « Un ivrogne aura le droit de récidive vingt fois, à condition que chaque fois il s'en ivre dans un arrondissement différent de Paris. »

La commission du Sénat pense qu'on pouvait aller plus loin. « Il est choquant, dit M. Chéron, dans son rapport (Sénat, ann. 389, doc. parl. 1916, p. 523), de constater qu'un contrevenant sera ou non en état de récidive, selon que son ivresse aura été constatée à 50 ou 100 mètres en-deça ou au-delà de la lisière d'un arrondissement. Puisque l'administration a créé une sorte de casier judiciaire de l'ivresse, sous la forme d'un bulletin individuel classé par ordre alphabétique au parquet, rien n'est plus facile, en groupant ces bulletins là où est le casier judiciaire lui-même, c'est-à-dire au greffe du tribunal de première instance du lieu de la naissance du contrevenant, que d'être fixé sur les éléments de la récidive. »

Par suite, il fut admis que la récidive sera constituée par la répétition de la même contravention dans le délai de donze mois, où qu'elle s'accomplisse. Mais il doit s'agir d'une contravention pour la même infraction.

Première récidive. — Les conditions de la première récidive sont donc les suivantes :

Il faut : 1· un premier jugement ;

2· Une deuxième contrvention à la loi ;

3· Que la deuxième contravention se produise dans les douze mois qui suivent le premier jugement définitif.

Deux contraventions sont nécessaires. Il n'y a pas récidive si le premier jugement constate un délti, s'il s'agit d'une contravention commise plusieurs fois ; enfin il faut que la deuxième contravention ait été commise après une première condamnation. Le point de départ de la récidive est la date du premier jugement : cf. Répertoire Labori, v. *Ivresse*. La première récidive constitue une simple contravention : Cass., 18 février 1893 (*Bull.* n° 47).

Le délit correctionnel d'ivresse (art. 2).—La loi de 1873 a créé une sorte de récidive aggravante en faisant un délit correctionnel, puni d'un emprisonnement d'un mois au plus et d'une amende de 16 à 300 francs, de la nouvelle récidive commise dans les douze mois de la deuxième condamnation contraventionnelle. D'autre part, celui qui s'expose, en moins d'un an, à une deuxième condamnation correctionnelle, se voit appliquer le maximum de la peine, qui peut être élevée jusqu'au double.

Cette disposition est maintenue par la nouvelle loi, avec cette différence que la récidive dont il s'agit est non celle de l'article 483, mais celle qui a été définie à l'article 1er précédent.

A la Chambre, M. Lefas demanda une atténuation de la loi de 1873 : il voulait que les trois faits punissables se soient produits dans les douze mois, que pour la quatrième récidive, le juge ne soit pas obligé de condamner au muximum, que le magistrat puissse en ce cas apprécier la culpabilité, qu'enfin la prison puisse être remplacée par la détention dans un asile spécial. Son amendement fut repoussé, et la loi de 1873 maintenue (Chambre, séance du 29 juillet 1915 *J. off.*, p. 1138 et 1139).

Deuxième récidive.— La récidive qui a lieu dans les douze mois de la deuxième condamnation constitue un délt. Pour qu'elle s'applique, il faut une infraction à la loi précédée de deux condamnations pour infraction à cette loi, intervenant dans les conditions exigées pour la première récidive : il faut donc deux condamnations pour ivresse. La nouvelle récidive doit avoir lieu dans les douze mois de la deuxième condamnation. Le point de départ de la période de douze mois est la condamnation prononcée pour la première récidive : Caen, 5 novembre 1890 (*Rec. Caen*, 1891. 1.95). Il faut qu'au moment où est constatée la nouvelle infraction, le jugement précédent soit devenu définitif. Cass, 29 janvier 1898 (*Bull.* n° 38) ; 14 décembre 1901 (*D.* 1901. 1.320). S'il s'agit d'un jugement par défaut, il doit avoir été signifié à personne ou à dmicile pour servir de point de départ à la récidive correctionnelle : Trib. corr. Saint-Etienne, 18 avril 1893 (*La Loi*, 25 avril 1893) ; Cass., 22 février 1890 (*Pand.* 1890. 1.246).

En cas de deuxième récidive, le juge de paix saisi doit se déclarer incompétent : Cass., 30 décembre 1775 (*S.* 76.1.389).

Troisième récidive.—Elle doit avoir lieu dans les douze mois de la deuxième condamnations par le tribunal correctionnel : cass., 18 février 1893 (*Pand.* 1894.1.8).

Peine accessoire. — Déchéance. — L'article 3 édicte une peine accessoire deux condamnation correstionnelles entrainent pour celui qui en est frappé la perte de certains droits civils, politiques et de famille.

La Chambre avait, sur la proposition de M. Barthe, supprimé l'incapacité de vote et d'éligibilité, par crainte que les magistrats ne prononcent les condamnations dans un but politique (V. séance du 29 juillet 1915, *J. off.* p. 1190 et 1191). M. Henry Chéron critiqua cette crainte et demanda, dans son rapport au Sénat de rétablir dans l'article 3 les incapacités prévues par la loi de 1873 ; le Sénat le rétablit (5 décembre 1916) ; M. Lefas tenta de nouveau, à la Chambre, de faire supprimer ces mots : son amendement ne fut pas adopté (séance du 20 septembre 1917 *J. off.*, p. 2377 et s.).

Aux déchéances prévues par la loi de 1873, l'article 3 nouveau ajoute celle des droits de la puissance paternelle. Cette addition a paru nécessaire parce que l'article 2 de la loi du 24 juillet 1889 vise la loi du 23 Janvier 1873 qu'abroge l'article 19 de la présente loi. Il fallait éviter que l'on pût soutenir que la disposition de la loi de 1889 était abrogée.

Mesures préventives concernant les cafetiers et les débitants.— La loi établit une assimilation entre ceux qui s'enivrent et ceux qui leur fournissent à dessein, ou par négligence, les moyens de s'enivrer (art. 4).

L'article 4 nouveau diffère de l'article 4 ancien sur les points suivants :

1° La minorité en-deçà de laquelle on ne peut se faire servir des liqueurs alcooliques est élevée à 18 ans ;

2° Sont assimilés aux mineurs les malades hospitalisés dans un asile d'aliénés ou dans une colonie familiale ;

3° La récidive n'est plus limitée au canton : c'est la même que pour l'article 1er;

M. Félix Martin avait proposé au Sénat d'assimler également aux mineurs les femmes de tout âge. Le rapporteur fit remarquer qu'en ce qui concerne les femmes ayant moins de 18 ans, il n'y avait pas de difficulté, elles sont visées par le texte ; mais ce serait l'aggraver d'une façon excessive que d'étendre encore cette prohibition. L'amendement fut retiré (Sénat, 5 décembre 1916, *J. off.*, p. 1023).

L'article 4 prévoit trois ordres de faits 1° donner à boire à des individus ivres 2° recevoir des individus ivres ; 3° servir des alcools à des mineurs. Sont punissables les cabaretiers, cafetiers et autres débitants. Le fait de l'ivresse doit se manifester dans le débit : Cass., 30 décembre 1875 (*S.* 76. 1.389).

Pour constituer la contravention à l'article 4, il ne suffit pas que le débitant ait laissé les consommateurs boire jusqu'à l'ivresse, il faut que le juge constate qu'il leur a donné à boire alors que leur état d'ivresse s'était manifestement révélé dans l'établissement : Cass., 6 février 1876 (*S.* 76. 1.389).

Mineurs.—En ce qui concerne les mineurs, il faut que le cabaretier ou le débitant ait donné à boire des boissons alcooliques.

Une discussion s'est élevée à la Chambre sur le sens et la portée des mots « liqueurs alcooliques ». M. Sibille, rappelant que la Cour de cassation a rangé le vin parmi les liqueurs alcooliques, demanda à ce que l'on dise en termes clairs et précis quelles boissons le débitant pourra ou ne pourra pas servir à un mineur de 18 ans. Il proposait d'appliquer la distinction établie par la loi sur la limitation des débits de boissons, telle que l'on venait de la voter. Défense de servir aux mineurs de 18 ans des spiritueux, des liqueurs alcooliques ou des apéritifs autres que ceux à base de vin titrant moins de 23 degrés ; autorisation de servir auxdits mineurs les autres boissons.

Le rapporteur et, après lui, M. Schmidt, firent remarquer que la formule moins de 23 degrés n'était pas bonne, et que les apéritifs répondant à cette formule étaient compris par les textes anciens et la jurisprudence parmi les liqueurs alcooliques. M. Schmidt proposa d'insérer : spiritueux et liqueurs alcooliques. Cette formule, plus précise, écarte nettement le vin et la bière qui étaient considérés comme boissons alcooliques par la Cour de cass., 24 février 1876 (*S*. 76. 1. 25) ; 5 août 1875 (*S*. 76. 1.95), mais laisse encore un certain pouvoir d'appréciation aux tribunaux (V. Chambre, 16 septembre 1915, *J. off.*, p. 428 et 1429) : En somme, il y aura lieu de se référer à la jurisprudence, sur la loi de 1873, quant à la portée du mot liqueurs alcooliques. Le débitant est admis à prouver sa bonne foi : l'erreur sur l'âge du mineur constitue une excuse légale qui fait disparaître la faute.

La Cour de cass. a jugé légal un arrêté préfectoral défendant de laisser entrer des mineurs non accompagnés (24 février 1876, *S*. 76. 1. 95).

La contravention est encourue même si le mineur est accompagné : Cass., 7 novembre 1873 (*S*. 74. 1. 135). Il y a autant de contraventions que de mineurs à moins qu'ils ne soient en groupe : Cass., 27 janvier 1877 (*S*. 79. 1.240) ; 14 mars 1879 (*S*. 79. 1.240.)

Récidive.—La loi établit en cas de récidive une échelle de peines identiques à celle qui concerne l'infraction d'ivresse. A partir de la seconde récidive, le délit revêt un caractère correctionnel (art. 5).

Déchéances (art. 6).—Le débitant qui a subi deux condamnations en police correctionnelle subit en outre les mêmes déchéances que celles mentionnées en l'article 3. A la différence du texte ancien, l'article 3 nouveau édicte une incapacité de droit, et non seulement facultative : de plus, cette incapacité porte non plus sur tout ou partie des droits énoncés en l'article 3, mais sur la totalité de ces droits.

Le texte nouveau vise en outre expressément les peines mentionnées au décret du 29 décembre 1851 ; enfin, il supprime la possibilité de restreindre la faculté de livrer des boissons à la consommation sur place, ce qui aggrave la pénalité.

Art. 7.—L'article 7 envisage le cas de celui, débitant ou autre personne, qui fait boire un mineur de 18 ans jusqu'à l'ivresse. Aux mots « dans le délai indiqué en l'article 5, § 2» ont été substitués les mots « depuis moins d'un an », ce qui a paru plus clair.

Infractions nouvelles. — La contravention de vente à crédit (art. 8) — Le texte primitif de la commission de la Chambre faisait de la vente à crédit une contravention, mais il limitait cette contravention à la vente des boissons à consommer sur place.

Le texte adopté sur un amendement de M. Jobert, appuyé par M. Maurice Sibille, ne fait pas de la vente à crédit une contravention, mais il l'interdit pour la vente au détail, même s'il ne s'agit pas de la consommation sur place, quelle soit effectuée par des débitants de boissons ou par des épiciers, dès lors qu'elle s'applique à des spiritueux et liqueurs alcooliques. La sanction est dans la non recevabilité de l'action en paiement, si des spiritueux ou liqueurs alcooliques ont été vendus au détail à crédit. (V. Chambre, 16 septembre 1915, *J. off.*, p. 1430, et 29 juillet 1915, p. 1185).

Cette dernière disposition est reprise de l'ancien droit. La coutume de Paris déniait toute action pour sommes dues à un cabaretier à raison d'une dépense faite par un domicilié du lieu dans son cabaret. C'est l'application du principe de la dénégation de l'action par rapport à la défaveur de la cause dont la dette procède.

Cette sanction a pour conséquence l'impossibilité de saisir-arrêter les salaires. Une sanction pénale n'a pas paru nécessaire ; le refus de l'action civile aura pour résultat de faire refuser la boisson, ce qui est le but cherché.

Le rapporteur à la Chambre a précisé ainsi le but cherché et la portée de l'article 8 :

« Une autre solution est celle de la non-recevabilité absolue de l'action, c'est celle de M. Reinach. Nous avons été plus loin que M. Reinach et nous avons préféré que l'action ne fût pas recevable, parce que le fait, qui lui servirait de base, serait légalement déclaré illicite.

« Nous avons pensé que si le fait de vendre à crédit était illicite, nous étions sûrs que l'action serait absolument impossible et je dis tout de suite, pour répondre à M. Sibilie, que ce que nous avons voulu atteindre, ce n'est pas la vente à crédit au moment où elle se produit ; c'est la réclamation en justice, pour des dettes de café, réclamation que nous savons impossible ; le jour où le débitant sera condamné pour avoir vendu à crédit, au moment où il essaiera de se faire payer la dette, il est bien certain que les juristes ne s'accommoderont pas bien de notre solution.

« Si la vente de l'alcool est permise, diront-ils, la créance doit être protégée par une action. Mais nous le regrettons infiniment. Nous ne sommes pas de ceux qui érigeons en principes définitifs les propositions qui ont été considérées comme des principes dans le passé, mais qui ne répondent plus aux exigences d'aujourd'hui.

« Nous pensons qu'il faut passer outre à ce genre de scrupules, et que, même en autorisant la vente au comptant de l'alcool, nous avons le droit d'en déclarer illicite la vente à crédit, parce que cette vente à crédit est un grand danger social.

« M. Sibille faisait une hypothèse ; il craignait qu'un ivrogne n'entrât dans un café et ne sortît sans payer sa consommation, d'où contravention pour le débitant, qui ne pourra pas exciper de sa bonne foi, car il s'agit ici d'une contravention. Mais M. Sibille sait, comme nous tous, qu'il y a une différence entre la bonne foi et la faute, qu'à coup sûr le débitant ici ne pourrait pas être condamné s'il faisait la preuve qu'il n'y a pas eu de sa faute. La contravention exclut l'excuse de la bonne foi, mais elle n'est punissable que s'il y a faute du contrevenant. Je demande à la Chambre, au non de toute la commission, de voter notre texte, persuadé que, seul, il entravera l'action en payement. » (Chambre, 29 juillet 1915, *J. off.*, p. 1185.)

Il n'en reste pas moins qu'un fait déclaré illégal n'est pas sanctionné pénalement.

Cette interdiction ne s'applique qu'à la vente au détail ; un marchand en gros ne pourrait se voir empêché de vendre à crédit une bouteille de liqueurs. (V. Chambre, 16 sept. 1916, p. 1431)

La Chambre n'est pas allée plus loin et n'a pas voulu imposer aux commerçants l'obligation d'installer leur débit dans un local distinct de celui où ils exercent un autre commerce.

La contravention d'emploi des femmes mineures (art. 9). — L'article 9 réprime le fait d'employer dans un débit de boissons des femmes mineures de 18 ans ; cette disposition s'inspire de considérations de moralité et de protection des jeunes filles mineures. Il est fait exception pour les femmes appartenant à la famille du débitant. Cette exception se justifie : la femme est au milieu de sa famille ou la jeune fille sous la protection de ses parents.

L'âge a été abaissé de 21 à 18 ans, conformément à un vœu du conseil supérieur du travail.

L'interdiction de l'article 9 ne s'applique qu'aux débits à consommer sur place : il en concerne donc pas les débits à emporter, les hôtels et les restaurants. Cette limitation a été critiquée par M. Lenoir, à la Chambre (16 sept. 1915, *J. off.*, p. 1434).

Le texte renvoie aux acticles 475 et 478 du Code pénal. L'article 475 visée les peines en matière de contraventions de 2e classe (amende de 6 à 10 fr.) ; l'article 478 la peine en cas de récidive (emprisonnement de 1 à 5 jours). La récidive est celle qui a été définie par l'article 1er.

Le délit de l'article 10. — L'article 10 réprime la prostitution dans les débits de boissons.

Aux termes de cet article, sont punissables tous débitants de boissons qui excitent ou favorisent la débauche, en employant ou en recevant habituellement dans leurs établissements :

Soit des femmes de débauche :

Soit des individus de mœurs spéciales.

Sont également punissables tous tenanciers de cafés-concerts qui excitent ou favorisent la débauche de leurs artistes par des moyens quelconques.

Dans l'un et l'autre cas, les tribunaux correctionnels peuvent prononcer une peine d'emprisonnement jusqu'à six mois. Les tribunaux sont, en outre, obligatoirement tenus de prononcer contre le délinquant la déchéance de tous ses droits politiques pour cinq ans, et la fermeture de son établissement pour toujours.

Tandis que l'article 9 vise les débits de boissons en général, l'article 10 vise les établissements dans lesquel on reçoit habituellement des femmes de débauche et dans lesquels la débauché est favorisée.

D'autre part, l'article 10 ne réprime le délit qui si les femmes de débauche ou les individus de mœurs spéciales sont employés ou reçus habituellement dans le débit, pour se livrer à la prostitution dans l'établissement ou dans les locaux y attenant. Il faut donc pour l'application de la loi, des éléments constitutifs graves.

On a discuté l'incorporation de cet article dans une loi sur le règlement de la police des débits de boissons.

« L'affirmative est certaine, écrit M. Delaroue.

« En premier lieu, il s'agit de la prostitution dans les débits de boissons ; rien de plus naturel que d'en parler dans une loi sur la police des débits. A l'heure qu'il est, un maire apprend qu'un débit de boissons n'est qu'une maison clandestine de prostitution ; il va fermer la maison, parce qu'elle fonctionne sans l'autorisation administrative qui est nécessaire pour tenir une maison de prostitution ; mais, le lendemain, le débit se rouvre, car le maire ne peut fermer le débit, et la chose est à recommencer ; un texte légal est nécessaire pour empêcher un débit d'être une maison clandestine de prostitution. Un débit ne doit pas être une maison de prostitution qui fonctionne, par privilège, sans l'autorisation administrative nécessaire pour ce genre de maisons.

« En second lieu, il s'agit ici, non d'atteindre la prostitution pour elle même, parce qu'elle est la prostitution, mais parce qu'elle est la pourvoyeuse des morchands d'alcool. » (Rapport supplém., Chambre, doc. parl., ann. 1769, p. 146.)

La police des débits de boissons rentre dans les attributions des préfets et des maires (art. 97 et 99 de la loi de 1884) ; mais les règles prises variaient suivant les départements et suivant les communes. A la diversité des réglementations locales, la loi veut substituer l'uniformité d'une réglementation générale. Comment concilier cette disposition avec le pouvoir réglementaire que les préfets et les maires conservent ? A ce sujet, le ministre de l'intérieur a déclaré à la Chambre que le texte « ne fait pas obstacle au pouvoir réglementaire des maires et des préfets. La jurisprudence de la Cour de cassation, sur ce point, est très nette : il est certain que le maire et le préfet peuvent dans des circonstances particulières, réglementer, même au point de vue de l'âge et de la justification des conditions de moralité, l'emploi des femmes dans les débits de boissons et particulièrement interdire l'emploi des femmes dans des établissements du genre de ceux dont il est question à l'article 10.

« Sur ce dernier point notamment, on peut envisager l'élaboration d'un arrêté type, soumis par mes soins aux divers représentants de l'administration, et susceptible d'harmoniser les décisions qu'ils auront à prendre quand les circonstances justifieront leur intervention », et il précise : « que la loi actuelle ne peut pas retirer au pouvoir administratif et au pouvoir communal les libertés dont ils ont pu user jusqu'à présent. »

Et le garde des sceaux confirma ces déclarations : « Les lois de police générale suffisent, il suffit à M. le ministre de l'intérieur d'envoyer aux préfets un arrêté-type qui ne s'imposera pas, bien entendu, d'une façon absolue dans toutes les communes, mais qui pourra servir de modèle aux maires qui voudront prendre des dispositions prohibitives à l'égard de ces établissements. » (Chambre, 21 sept, 1917, *J. off.*, p. 2391 sq.)

Pénalités. — Les pénalités comprennent outre l'emprisonnement et l'amende, la déchéance des droits politiques et la fermeture du débit.

M. Delarone explique et justifie ainsi ces pénalités :

« Notre pénalité est raisonnée ; elle est un peu moindre que celle qui est encourue pour l'excitation de mineurs à la débauche. Elle comporte la fermeture de l'établissement, ce qui en réalité précise le droit actuel, mais ne l'aggrave pas, car il s'agit là moins d'un débit que d'une maison publique clandestine, qui doit être fermée sans discussion possible, puisqu'une telle maison ne peut être tenue qu'avec une autorisation spéciale des municipalités. Notre pénalité comporte la déchéance des droits politiques pendant cinq ans, mais oublie-t-on que le décret du 2 février 1852 punit de la privation de l'électorat (art. 15, p. 5), « ... les condamnés pour attentats aux mœurs prévus par les articles 330 et 334 du Code pénal, quelle que soit la durée de l'emprisonnement auquel ils ont été condamnés ? » Nous, nous ne demandons la déchéance que pendant cinq ans. » (Rapport 1769, précité).

Cependant, à la Chambre, M. François Fournier s'est élevé contre cette atteinte à la personnalité des peines ; mais la fermeture de l'établissement est apparue comme la seule peine efficace, car, si elle n'existait pas, le propriétaire ferait tenir l'établissement par une personne interposée (Chambre, 21 sept. 1917, *J. off.*, p. 2390 et 2391).

Autres dispositions. — Interdiction d'exploitation du débit. — L'article 11 ajoute une sanction qui atteint tous ceux qui ont été condammés à un mois d'emprisonnement au moins pour une des infractions prévues par la loi.

La condamnation à un mois de prison pour une des infractions déterminées par la loi suppose des faits graves. Il est juste qu'elle entraîne contre celui qui les a commis l'interdiction d'exploiter un débit de boissons. Il était équitable toutefois que cette interdction ne fût que temporaire. D'où le troisième paragraphe.

Affichage du jugement correctionnel (art. 12). — Peine facultative pour le tribunal.

Circonstances atténuantes et complicité.—L'article 473 est applicable ; de même la loi du 25 mars 1891, bien qu'elle ne soit pas visée expressément contrairementau texte voté par la Chambre.

Il est inutile de viser la loi du 25 mars 1891 puisqu'elle est toujours applicable, en cas de condamnation à l'emprisonnement et à l'amende par le tribunal correctionnel, si l'inculpé n'a pas subi de condamnation antérieure à la prison pour crime et délit de droit commun (Rapport Chéron, Sénat, nº 389, doc. parl., p. 525).

Mais il était utile de viser l'article 463 dont l'application est restreinte au cas où la peine de l'emprisonnement et celle de l'amende sont prononcées par le Code pénal, et le bénéfice des circonstances atténuantes ne peut être étendu aux délits prévus et réprimés par des lois spéciales qu'en vertu d'une disposition expresse.

L'article 463 ne s'applique qu'à l'emprisonnement et à l'amende.

L'article 59 du Code pénal est relatif à la complicité. Il dispose que les complices d'un crime ou d'un délit seront punis de la même peine que les auteurs mêmes de ce crime ou de ce délit, sauf les cas où la loi en aurait disposé autrement.

Or, la loi du 23 janvier 1873 décidait, dans son article 9, que l'article 59 du Code pénal, ne serait pas applicable aux délits qu'elle prévoyait.

La Chambre a restreint cette faveur aux délits énoncés par les nouveaux articles 2, 5 et 7. On sait que l'article 2 concerne la condamnation correctionnelle pour récidive d'ivresse manifeste, les articles 5 et 7 les condamnations correctionnelles pour récidive de délit du débitant ayant donné à boire à des gens manifestement ivres, à des mineurs ou à des aliénés.

Cette restriction aggrave le caractère répressif de la loi Pour le surplus, les règles de la complicité s'appliqueront.

Procès-verbaux (art. 14).—M. Fournier aurait voulu que les procès-verbaux fussent rédigés immédiatement et sur place, Le droit commun en matière de contraventions a été maintenu (Chambre, 21 sept. 1917, p. 2349).

Les procès-verbaux sont transmis au procureur de la République, bien que l'article 20 du Code d'instr. crim. n'impose cette transmission qu'au cas de délit ; mais il importe de savoir au préalable quel est le tribunal compétent.

Art. 15.—Obligation de conduire l'ivrogne au poste ou dans une chambre secrète. M. Félix Martin avait proposé au Sénat un amendement prévoyant le cas de résistance de l'individu trouvé en état d'ivresse. L'amendement ne fut pas adopté, sur observation du rapporteur que la résistance, sous ses diverses formes, était réprimée par diverses dispositions du Code pénal (Sénat, 5 décembre 1916, *J. off.*, p. 1026).

Le mot « devra » a été substitué à « pourra ».

Chambre de sûreté a ici un sens large et veut dire en lieu sûr, où l'ivrogne sera gardé et surveéill.

Art. 16. — Affichage du texte de la loi dans les maisons et débits. Sanctions pour défaut d'affichage et pour lacération d'affiche.

L'affichage est obligatoire : Cass., 18 février 1899 (*Pand.* 1900. 1. 134).

L'obligation de l'affichage suppose qu'une affiche a été fournie pas l'administration. Cass., 29 juin 1888 (*S.* 88. 1. 440). La lacération par un tiers constitue le cas de force majeure.

Art. 17. — Agents compétents pour rechercher et contester les infractions. La loi ajoute aux gardes champêtres, « les agents de la force publique et autres personnes désignées en l'article 9 du Code d'instruction criminelle », c'est-à-dire les gardes forestiers, commissaires de police, maires et adjoints, procureurs et substituts, juges de paix, officiers de gendarmerie, juges d'instruction.

Art. 18. — Application de la loi à l'Algérie et aux colonies. Cet article est nouveau.

Tirage cent exemplaires./.

Saigon, le 17 Janvier 191

P. J. Viêt et Cie:

[signature]

www.ingramcontent.com/pod-product-compliance
Lightning Source LLC
LaVergne TN
LVHW020504230826
846091LV00008BA/3333

* 9 7 8 2 0 1 1 9 0 5 7 9 6 *